Leson Debaz nan
Ministè

EGLISE DU NAZAREEN

SAINTETE
A
L'ETERNEL

Leson Debaz nan Ministè

Pibliye pa Ministè Antrènman Disip Rejyon Mezoamerik

Kopi yo kapab fèt nan paj sa yo pou liv pèsonèl ak lizay nan legliz la. Ou ka jwenn vèsyon elektwonik liv sa a nan: www.MedfdiRessources.MesoamericaRegion.org/

Tradwi pa Dezama Jeudi

ISBN: 978-1-63580-097-5

Enprime nan peyi Etazini

Tab Matyè

Gid pou Anseyan
Disip

Konpliman paske w dirije frè tounèf ou a bay Kris la pa mwayen ansèyman debaz disip epi kounye a kontinye akonpanye li nan leson debaz ministè yo!

Pandan mwa pase yo ou te kapab etabli yon relasyon ki pwòch avèk nouvo disip la lè w pataje baz lavi tounèf nan Kris yo. Menm oumenm ou grandi anpil, men pwosesis disip la kontinye. Kounye a ou pral gen kè kontan pou w ede frè w oswa sè w dekouvri ki ministè yo kapab antre nan legliz lokal la pou yo travay.

Dapre Bib la —Nouvo Testaman espesyalman — Bondye rele chak disip li yo nan ministè a. Jezi fè sa nan legliz la pa mwayen Sentespri a, pataje kapasite espirityèl diferan, yo rele sa don espirityèl, pou sa kapab itilize nan sèvis la oswa ministè lòt yo. Don sa a yo devlope apati de yon kongregasyon disip local pou legliz la kapab edifye epi pou levanjil la kapab rive jwenn moun ki pa konnen l yo.

"Epi gen plizyè kalite ministè, men se menm Bondye a."
I Korentyen 12:5

"Di ekip la konsa: 'Piga w sispann akonpli
ministè Bondye te ba ou a.'"
Kolosyen 4:17

Pou rann fasil pwosesis èd nouvo frè oswa sè pou konnen ki ministè espesifik ki genyen nan legliz lokal yo, premyèman fè yon ti voye je sou chak leson pou w kapab konnen yo de manyè jeneral. Apre sa ou dwe pataje avèk moun nan yon entwodiksyon pou 12 leson yo ki bay yon revizyon jeneral sou ministè sa yo:

- Ministè Adorasyon
- Ansèyman Disip Pèsonèl
- Ministè Evanjelizasyon
- Ministè Evanjelizasyon Pou Jèn
- Ministères de Compassion Nazaréens - MNC
- Jeunesse Nazaréenne Internationale (JNI)
- Ministè Kominikasyon
- Ministères De L'école Du Dimanche Et De La Formation De Disciples Internationale (MEDFDI)
- Mission Nazaréenne Internationale (MNI)
- Mission Globale
- Pastoral Ministè
- Travay avèk Temwayaj

Ou kapab pran yon leson pou egzanp epi moutre yo senk seri yo chak genyen, ki baze sou legliz lokal. Pandan w'ap esplike sa yo:

1. **Kisa Ministè a ye…?** Yon deklarasyon ki kout epi klè ki defini ministè espesifik leson sa a.

2. **Itilize Bib la, pou w konplete fraz sa a yo:** Baz biblik ministè a ki nan leson an, ki pèmèt yo chèche nan Bib la epi ranpli espas ki vid yo menm jan ak leson ansèyman leson disip debaz yo.

3. **Ki objektif ministè sa nan legliz lokal la?** Eksplike sa ki lakoz ministè sa egziste nan legliz lokal la. Se paske ministè espesifik la chèche apiye ministè total legliz la.

4. **Kijan ministè sa kapab ede m devlope nan lavi kretyèn mwen?** Li moutre kijan reyalizasyon ministè sa pral kontribye nan kwasans ak matirite disip fidèl Jezi a.

5. **Èske mwen ta kapab reyalize ministè sa?** Dènye sesyon sa a prezante de zouti pratik enpòtan. Anpremye, bay lide sou

kijan ministè leson an ta kapab òganize menm si li pa ta ko reyalize nan legliz lokal la. Andezyèm, ofri yon kesyonè pou detekte si disip la kapab resevwa fòmasyon oswa mete atansyon li sou ministè leson an prezante a.

Leson yo fini avèk yon lis materyèl ke ou kapab itilize pou w fòme w nan ministè a. Resous sa a yo pral ede w pou dirije nouvo disip la konnen epi devlope ministè ki prezante a pi byen.

Metòd Ki Sigjere:

Premyèman, remèt leson an bay nouvo disip la: *Entwodiksyon pou Ministè yo nan legliz lokal la* pou l konplete li.

Apre sa, ou pral bezwen ede disip tounèf la chwazi ki ministè li santi li plis gen anvi egzèse. Anjeneral, nan koumansman moun yo pral baze yo sou bagay yo prefere pèsonèlman. Apre yon tan---avèk direksyon Sentespri a---yo pral eseye plizyè ministè, y'ap resevwa kòmantè anpil moun avèk lidè yo, epi sa ap ede yo dekouvri ministè yo. Leson sa a yo gen pou objektif koumanse pwosesis sa. Ou dwe santi w lib pou w pataje opinyon w yo sou ministè posib yo ke oumenm ou apèsi ke sèvant oswa sèvitè sa ta kapab reyalize, ou te deja koumanse rekonèt li. Se pandan, sonje byen ke opinyon w yo pa pwen final. Se Sentespri a ki konfime ministè nou fèt pou n travay la.

Si disip la deja konnen vokasyon li oswa vokasyon li yo, li kapab koumanse avèk leson sa yo. Kòm chak leson se yon entwodiksyon jeneral epi rezime ta kapab dedye plis pase yon sesyon pou konprann ministè y'ap etidye a pi byen. Pa egzanp, si w t'ap fè leson yo sou Ministè Konpasyon Nazareyen yo (MKN), nan premye sesyon an ou ta kapab gide li nan twa premye tèm yo: Kisa MKN ye? baz biblik yo epi, ki objektif MKN nan legliz lokal la.

Nan yon dezyèm seri ou ta kapab mete fen avèk de dènye tèm yo: Kouman ou kapab benefisye ministè sa nan lavi kretyèn ou? Epi, Kouman nou kapab devlope MKN nan legliz la? Ou kapab revise kesyonè ministè epi obsève tou materyèl ki posib yo.

Si nouvo disip la pa konnen kisa ki ministè li oswa ministè l' yo, ou kapab dirije li atravè tout leson yo pou l kapab rive dekouvri ki ministè li genyen. Nan tout sans, li ta bon pou w te pran tout leson ministè yo pou yo resevwa yon konesans jeneral sou ministè posib li kapab antre.

Yo mande ke pandan dewoulman leson yo, se pou w envite direktè ministè sa y'ap etidye a - si ministè a ap dewoule nan legliz lokal la. Lidè sa a ta kapab rakonte kijan li te antre nan ministè sa, pasyon li pou ministè sa a, benediksyon ke li resevwa epi kijan ministè a kontribye nan lavi lòt moun. Anplis de sa, ou sipoze toujou nan konvèsasyon avèk pastè a pou l kapab oryante w nan nenpòt ministè dapre pwòp eksperyans sèvis kretyen li.

Ou antre nan yon vwayaj lafwa ki bèl anpil ansanm avèk frè w oswa sè w yo nan Kris la. Mwen ankouraje w kenbe fèm epi kite Bondye itilize w avèk otorite. Mande Seyè a pou l ba ou gras avèk bon konprann pou w enfliyanse nan lavi nouvo frè oswa sè ou yo epi pou nou toude grandi nan eksperyans nou, konesans ak angajman avèk Kris e legliz li. Sonje ke w dwe genyen kòm objektif se pou disip tounèf sa a vin tounen yon anseyan pou prepare lòt disip.

Se pou w yon disip ki fidèl epi angaje ak anseyan pou Jezi!

— Ministè Disip, Rejyon RMA
    Legliz Nazareyen

discipleship@mesoamericaregion.org

Entwodiksyon
Pou Ministè Yo Nan
Legliz Lokal la

Leson sa ap ...

- Ede w pran ministè Jezi a kòm modèl pou ministè a.
- Moutre ke gen plizyè kalite ministè anndan legliz la.
- Ede w fè yon relasyon ak ministè Pastè a avèk pa lòt frè ak sè ki nan legliz la.
- Ede pou gen yon motivasyon pou aksepte vokasyon pou reyalize youn oswa plis ministè anndan legliz la.

Pou memorize

"Lè ou gade byen, ki moun ki Apolòs la? Ki moun ki Pòl la? Nou tou de se sèvitè Bondye nou ye; n'ap travay pou nou menm, moun Korent yo nou te rive kwè, chak moun te fè travay Mèt la te ba l fè. Mwen te plante, Apolòs wouze; men se Bondye ki fè plant la pouse. Konsa, moun ki plante a pa anyen, ni moun ki wouze a pa anyen Nonplis, konsa se Bondye ki tout bagay la paske se limenm ki fè plant lan pouse." (I Korentyen 3:5-7).

Ministè legliz lokal la

Mo ministè a nòmalman vle di "Sèvis", men se yon sèvis pou yon moun—yon sèvitè---ki se yon esklav lòt moun tankou Jezikris te ye pou limanite. Nan Ansyen Testaman yo itilize imaj bra dwat oswa moun ki la pou ede yon moun siperyè nan fè referans ak "sèvitè".

I. Egzanp pou ministè a nan legliz la se Jezi.

Ministè Jezi a te konplè, li te gen ladann tout bezwen limanite.

Kouman Lik 4:18-21 moutre ke Jezi te koumanse ministè li.

Lespri Seyè a_____, li _____ mwen pou m'
Anonse Bon Nouvèl la bay_____; li voye m' pou m
_____ moun ki nan lapenn yo ; poum fè prizonnye yo
konnen yo_____, pou fè avèg yo konnen ke yo kapab
_____ ankò ; pou m fè yo konnen ke lè a rive pou Seyè a
vin _____ pèp li a.

a. Kireyaksyon moun sa yo ki te tande pawòl sa yo, dapre Lik
    4:22-29? _____
    _____
    _____

b. Nan Mak 10:45, ki metòd Jezi te itilize nan ministè li? _____
    _____
    _____

c. Ki ministè enpòtan Jezi te pran pou ministè li, apre li te fin
    priye, nan Lik 6:12-16? _____
    _____
    _____

d. Nan fen ministè li, ki leson Jezi vle kite grave nan lespri disip li yo
    pou yo te kontinye ministè yo nan mond lan ? Daprè Lik 22:24-
    27 epi Jan 13:4-5, 12-17?

    Lik 22:24-27: _____
    _____
    _____

    Jan 13:4-5, 12-17: _____
    _____
    _____

2. Diferan kalite ministè nan legliz la

Daprè Travay 6:2-6, kimoun sa yo apot yo te chwazi pou sèvi sou
tab yo? _____
_____
_____

Pasaj sa a prezante kòm koumansman ofisyèl nan legliz layik-dy-ak yo (kisa sèvitè vle di). Yo te reyalize ministè yo toupre apot yo epi tou se apot yo ki te voye yo. Sa vle di depi byen bonè nan lavi legliz la yo te konn òganize plizyè ministè.

Nan I Korentyen 12 :4-6 Pòl te eklèsi moun Korent yo sou tra-vay Sentespri a nan legliz la pandan li t'ap itilize twa kategori :

Gen divès kalite d_____ men se menm Lespri a.

Gen divès kalite m_____ men se menm Bondye a.

Gen divès kalite o _____ men Bondye,…se toujou menm nan.

Don yo se kapasite espirityèl ke Sentespri a separe bay chak disip Jezi, jan li vle I la (I Korentyen 12:11), pou edifikasyon legliz la (I Korentyen 14:12) nan akonplisman misyon li. Operasyon yo fè referans avèk demonstrasyon oswa rezilta ministè legliz la.

Gen anpil pasaj nan Nouvo Testaman sou kesyon antre lòt moun yo nan ministè a. Sèlman kòm yon echantiyon nou kapab gade I Korentyen 16 :15, Kolosyen 4 :17 ak 2 Timote 4:11.

3. Pastoral Ministè

Nan divès kalite ministè ki egziste nan legliz la nou genyen ministè pastoral. Kèk nan manm legliz yo te resevwa don ak apèl pou vin pastè nan kongregasyon lokal yo.

Kisa ki dwe wòl prensipal pastè a dapre Efezyen 4:11-13? _____
_____
_____
_____

Nan ekriti original yo, nan vèsè 11 a mo pastè ak pwofesè yo fè yon sèl pou di pastè-pwofesè, ki fè konprann ke youn nan fonksyon prensipal pastè a se anseye lòt pou yo kapab reyalize ministè yo nan legliz la.

Nan 2 Timote 4:5, ki konsèy ki gen rapò avèk ministè Pòl te bay Timote kòm yon pastè ki te pi jèn? _____

_____

_____

Kisa Pòl te reflete (ki mitan lòt ministè yo li te pastè) nan Travay 20:24 ak I Timote 1:12 konsènan ak ministè li? _____

_____

_____

_____

Konklizyon

Legliz la kòm kò a li gen lòd ak privilèj pou ministre tout mond lan ki motive pa mwayen lanmou Kris la. Pa mwayen ministè pastè a avèk sèvant ak sèvitè yo, legliz lokal la edifye epi devlope pou soti al chèche sa ki poko konnen Seyè a. Konsa, vrè disip Jezi yo kontribye avèk don ak ministè total yo nan legliz lokal li a. Nan fason sa, yo kontinye grandi epi enfliyanse lòt, ki tou pre ak nan tout mond lan pou yo ale "fè disip nan tout nasyon yo".

Se poutèt sa nou envite w patisipe nan youn oswa plizyè ministè nan legliz lokal ou a. Jan nou wè l la, sa se plan Bondye genyen pou moun k'ap swiv li yo. Bondye pa mwayen Sentespri a li vle itilize w avèk otorite pou w ede lòt pa mwayen legliz la. Aksepte defi ak kè kontan lè w'ap pèmèt lavi w fè yon diferans nan lavi anpil lòt moun. Kòm yon disip fidèl pwofesè, konsakre lavi w pou ede lòt yo, ansanm avèk lòt frè yo, nan Non Seyè a!

Ministè
Adorasyon

I. Kisa Ministè Adorasyon an ye?

Ministè Adorasyon an se ministè nan legliz lokal la ki dirije nou vè louwanj ak adorasyon Bondye nou an nan sèvis n'ap ofri ba li chak fwa nou reyini avèk kongregasyon an.

2. Itilize Bib la pou konplete fraz sa yo:

a. Dapre Jan 4:23-24, kijan vrè adoratè yo dwe adore Papa a?

_____

_____

b. Kijan pèp Izrayèl te reyaji nan 2 Kwonik 7:3 lè yo t'ap gade dife ki t'ap desann soti nan syèl la avèk glwa Bondye apre sa adorasyon Salomon pou dedye tan plan? _____

_____

_____

c. Kijan kilt rasyonèl nou an dwe ye dapre Women12:1? _____

_____

_____

_____

d. Ki fwi ki pwodwi nan nou lè nou ranpli ak Sentespri a, dapre Efezyen 5:18-20? _____

_____

_____

e. Konfòm avèk Sòm 22:27, 29 ak 86:9, nan tan final yo, kimoun ki pral adore Seyè a, Bondye nou an?

_____

_____

_____

3. Ki objektif ministè sa nan legliz lokal mwen an?

Ministè Adorasyon an dwe oryante mizik ak kantik espirityèl yo—se kapab chan oswa kèchan—nan kilt la pou egzalte Bondye nou an, ansanm ak lòt pratik sèvis yo, tankou lapriyè, temwayaj yo, lekti biblik yo, ofrann ak predikasyon. Lidè ministè adorasyon yo dwe chèche kwasans espirityèl yo chak jou epi rete nan amoni avèk lòt kolaboratè yo nan ministè sa ak lòt manm legliz yo.

Pou acheve objektif sa, Ministè Adorasyon an dwe konte sou lidè k'ap chèche prezans Bondye nan lavi yo epi prezante don ak talan yo bay Seyè a pou li kapab itilize yo pou edifye legliz la. Kòm yon pati nan pwosesis sa yo dwe òganize ak fè repetisyon sou patisipasyon li nan kilt la. Pa mwayen Ministè sa sipòtè li yo dwe enstwi tout legliz la nan adorasyon ki fè Bondye plezi epi ki prepare yo pou reyalize misyon li nan mond lan.

4. Kijan ministè sa kapab ede m devlope nan lavi kretyèn mwen?

Pa mwayen patisipasyon nan Ministè Adorasyon an nou kapab santi lajwa nan eksperimante prezans Bondye epi koute vwa li k'ap pale avèk nou. Patisipasyon li byen santre nan ministè sa kapab kontribye nan inite ak edifikasyon nan legliz la tankou yon Kò k'ap viv lafwa li ansanm epi ki angaje li pou pataje li.

Ministè Adorasyon an pral ede ou vin itil nan men Seyè a epi kontinye kwasans espirityèl ou ansanm ak lòt kretyen yo. w'ap kapab obsève kouman Bondye jan Bondye pral itilize w, ak anpil pisans, entèlijans li nan mizik ak chante pou entwodwi pèp li a nan adorasyon ki efikas epi agreyab nan je Li.

Pou sa li enpòtan ke pa mwayen Ministè Adorasyon ou kapab dekouvri lòt lidè posib nan ministè a epi akonpanye yo nan pwosesis kwasans ak efikasite nan limenm.

5. Kijan ministè sa kapab devlope nan legliz lokal la?

Ministè Adorasyon an kapab devlope nan legliz la sou diferan fòm, men li dwe toujou konekte avèk pwogramasyon sèvis la, predikasyon an avèk ministè espesyal ke legliz la ap reyalize. Nan sans sa a, pastè a pa dwe janm bay lòt moun patisipasyon pa l la anndan Ministè Adorasyon an ak òganizasyon epi pwen santral kil la pandan plizyè reyinyon legliz la.

Adorasyon an kapab reyalize pa mwayen yon gwoup kè adorasyon ki pral dirije kongregasyon an, yon kè k'ap pataje kantik espirityèl chak peryòd, moun ki gen don espesyal pou chante, yon bann oswa òkès mizikal k 'ap akonpanye kantik yo ak lòt ankò. Ministè Adorasyon an kapab gen ladan li, anplis de, dramatizasyon, teyat an sign, deklamasyon powèm ak plizyè varyete, menm jan avèk lòt ekspresyon ki gen yon mesaj k'ap mennen nou rekonèt ak adore Bondye.

Pi gwo bagay nou vle nan Ministè Adorasyon an se pou, anplis de eksperyans espesyal pou adore Bondye ansanm nan, nou kapab kapte yon kalite lavi adorasyon ki reflete nan sa nou ye nan tout bagay andeyò kilt la. Ministè Adorasyon ki fè Bondye plezi ban nou ankourajman pou nou patisipe nan misyon Bondye a nan mond lan epi viv yon fason pou nou atire lòt yo vin jwenn Kris la ak legliz li a.

Èske mwen ta kapab reyalize ministè sa?

1. Èske ou genyen yon konesans debaz sou kisa adorasyon ye dapre Ansyen ak Nouvo Testaman?   Wi ☐ Non ☐

2. Èske Bondye ba w kèk talan mizikal oswa chante? Wi ☐ Non ☐

3. Èske w kontan lè w'ap patisipe nan adorasyon nan Lespri ansanm avèk frè nan Kris ou yo?   Wi ☐ Non ☐

4. Èske w prè pou w anseye ak prepare w pou anpil tan pou ofri yon pi bon adorasyon pou Bondye nou an?   Wi ☐ Non ☐

5. Èske w konsidere sa enpòtan pou w pataje entèlijans ke Bondye ba ou nan adorasyon avèk lòt yo ki fèk ap koumanse ministè sa?   Wi ☐ Non ☐

6. Èske w deside pran fòmasyon nan teknik ak konesans nan mizik oswa chante pou w kapab plis efikas nan adorasyon piblik?   Wi ☐ Non ☐

7. Èske li enpòtan pou ou prepare nan lapriyè avèk patisipasyon adorasyon ak direksyon sèvis la ak tout sa ki ladan li? Wi ☐ Non ☐

8. Èske w prè pou w soumèt ou anba otorite pastè legliz ou a pou kontribye nan mistè adorasyon legliz lokal la avèk efika-site?   Wi ☐ Non ☐

9. Èske w angaje w avèk ministè legliz lokal ou a epi apiye li nan asiste sèvis yo ak bay sipò ekonomik?   Wi ☐ Non ☐

10. Eske w adore Bondye kòm yon estil de vi ak relasyon avèk lòt yo lè w pap dirije adorasyon nan sèvis la?   Wi ☐ Non ☐

Si pou pi piti 7 nan repons ou yo se te Wi, ou ta kapab sèvi nan legliz ou a nan Ministè Adorasyon.

Materyèl ki kapab itilize pou anseye nan ministè sa se:
- *Ann adore.* Marcos Witt. Editoryal Caribe, Miami.
- *Gras ak devosyon* (Himnario). Editoryal KPN.
- *Teyoloji adorasyon.* Ralph P.Martin.Editoryal Vida.
- *Kisa n'ap fè ak mizik sa yo?* Marcos Witt. Editoryal Caribe/Betania.
- *Se pou pèp mwen an adore.* Eduardo Nelson. Kay Piblikasyon Batis.
- *Ini nan adorasyon.* Juan Josè Barreda. Edisyon Kairos.
- *Vini ann adore.* James R. Sprunge.Editoryal KPN, Kasas City.
- *Lekòl Lidèchip-Pwogram debaz yo*

Ministères de Compassion Nazaréens

1. Kisa Ministères de Compassion Nazaréens (MNC) an ye?

Ministères de Compassion Nazaréens an se ministè legliz la ki, motive pa mwayen lanmou Bondye, ede nou reponn ak nesesite entegral moun yo sou diferan fòm tankou: fizik, entèlektyèl, materyèl, relasyonèl ak espirityèl.

2. Itiliza Bib la pou w konplete fraz sa a yo:

a. Kisa konpasyon kretyen an ye? (Lik 10:33-27) _____

_____

_____

_____

b. Jous ki kote angajman konpasyon mwen rive? (I Jan 3:16)

_____

_____

_____

c. Ki de egzanp konpasyon Jezi te ban nou nan Matye 14:14 epi 15:32? _____

_____

_____

_____

3. Ki objektif ministè sa nan legliz mwen an ?

Ministères de Compassion Nazaréens la pou prezante ministè konpasyon entegral Kris la bay mond lan, nan satisfè diferan bezwen moun yo, pandan n'ap itilize plizyè kalite metòd: chèche resous, bay yon gwoup moun fòmasyon epi voye yo pa mwayen legliz la pou rive touche mond nou an nan non Jezi.

4. Kijan ministè sa kapab ede mwen devlope nan lavi kretyèn mwen?

a. Redekouvri pasaj biblik la. Li epi fè kòmantè sou I Jan 2:7-9.

b. Poze zak lanmou tankou Jezi. Li epi fè kòmantè sou Matye 9:35-36 ak Mak 6 :35-37.

c. Idantifye epi mete lòt sèvitè ak sèvant avèk don konpasyon. Li epi fè kòmantè sou Travay 6:1-5; Women 12:6-8 ak I Korentyen 12:28.

5. Kijan ministè sa dewoule nan legliz lokal la?

Ministères de Compassion Nazaréens yo kapab devlope nan fason sa yo:

a. Itilize predikasyon, ansèyman avèk ministè legliz la pou bay kongregasyon an fòmasyon pa mwayen etid biblik, ak ekspozisyon tèm ki gen pou wè avèk konpasyon kretyen, epi konsa dekouvri kijan premye kretyen yo te reponn ak nesesite fizik ak materyèl moun yo.

b. Òganize yon komite ak moun ki enterese ak ministè sa pou reyalize bagay espesyal, nan pwofite kapasite manm yo genyen ak pwofesyonèl legliz yo.

c. Koumanse sèvi manm legliz la yo ki nan bezwen epi apre sa ale nan zòn deyò yo, ou kapab menm koumanse ak manm legliz yo ki gen rapò avèk moun k'ap viv nan kominote a.

d. Antre nan kominote a pa mwayen patisipasyon ak kòdinasyon ki egziste, tankou lopital yo, ponpye yo, lekòl yo, òganizasyon non gouvènmantal yo (ÒNG) ak lòt ankò.

e. Koumanse pwojè espesyal legliz la nan fè sèvis nan kominote a tankou: Kay kote pou fè manje pou fè timoun yo kado, atelye edikasyon pou atizana, pwojè pou agrikilti, plizyè ti antrepriz ak anpil lòt ki kapab soti nan lye patikilye kote legliz la ye a.

Plizyè lòt sèvis ke MNC ofri legliz lokal la:

- Dezas
- Edikasyon
- Devlopman kominotè
- Alimantasyon pou timoun yo

Gen kèk evènman tou nan lavi kominote a ki favorab pou pratik konpasyon an:

- **Dezas:** Ede moun nan moman nesesite se yon opòtinite pou bay temwayaj.

- **SIDA:** Epidemi sa k'ap avanse gravman ban nou yon gwo okazyon pou nou moutre moun k'ap soufri yo lanmou Bondye.

- **Timoun yo:** Popilasyon an genyen yon pousantaj de 50% timoun ki gen pi piti pase 18 lane. Gwoup sa nan popilasyon an ap fè fas ak gwo pwoblèm : Denitrisyon, abandon, ofelen, endijans, ak lòt ankò. Timoun yo tou se yon opòtinite pou moutre lanmou Bondye.

Èske m ta kapab reyalize ministè sa?

1. Ede moun ki pòv ak nan nesesite yo se yon plezi pou mwen.
   Wi ☐ Non ☐

2. Mwen efòse mwen pou m chèche mwayen ki posib pou jwenn bagay ki pou satisfè bezwen moun yo. Wi ☐ Non ☐

3. Mwen vle ede timoun yo avèk granmoun ki nan bezwen yo.
   Wi ☐ Non ☐

4. Mwen patisipe nan kèk aktivite konpasyon. Wi ☐ Non ☐

5. Èske m'ap prèt pou satisfè bezwen moun k'ap viv bò kote m yo? Wi ☐ Non ☐

6. Lè mwen tande moun ki san travay epi ki pa kapab peye dèt yo, mwen fè tout sa ki posib pou m ede yo.
   Wi ☐ Non ☐

7. Mwen santi m kontan pou m priye ak moun ki lopital yo, moun ki nan prizon, oswa nan kay repo. Wi ☐ Non ☐

8. Mwen santi konpasyon pou moun ki sèl ak dekouraje epi mwen santi mwen kontan pou m bay tan mwen pou yo pou m ankouraje yo. Wi ☐ Non ☐

9. Mwen prefere etidye sosyoloji olye de teyoloji.
   Wi ☐ Non ☐

10. Mwen kwè ke founi nesesite fizik, materyèl ak sosyal moun yo, se yon fason pou moutre yo lanmou Bondye.
    Wi ☐ Non ☐

Si omwens 7 nan repons ou yo se Wi, ou kapab sèvi nan legliz ou a nan Ministères de Compassion Nazaréens.

Materyèl ou kapab itilize pou bay fòmasyon nan ministè sa:
Patisipe nan Kou Ministères de Compassion Nazaréens yo.
(CC1 ak CC2)

Liv yo:
- *Sèvitè nan mitan pòv yo.* Viv Grigg. Ed. Nouvo Kreyasyon, Buenos Aires.
- *Mache avèk pòv yo.* Bryant L. Myers. Edisyon Kairos,
- *Lè lanmou an fleri.* Steve Weber ak Franklin Cook. Ed. KPN
- *Lekòl Lidèchip - Kou Debaz yo, Kou Ministè Konpasyon*

Ministè Kominikasyon yo

I. Kisa Ministè Kominikasyon an ye?

Ministè Kominikasyon se zouti ke legliz lokal itilize pou etabli relasyon avèk lòt mwayen kominikasyon li kapab rive jwenn yo. Sa pa fè referans sèlman ak radyo avèk televizyon, men se pito ak chak mwayen kominikasyon-elektwonik oswa non—ke nou ka jwenn aksè pou fasilite akonplisman misyon legliz Bondye a.

2. Sèvi ak Bib la, ranpli fraz sa yo:

a. Ki fòm kominikasyon Bondye te bay pwofèt la lòd itilize nan Abakik 2:2? _____
_____
_____

b. Dapre Mak 3:14, ki jan douz disip Jezi te chwazi yo t'ap pral pwopaje mesaj Jezi a? _____
_____
_____

c. Ki mwayen Bondye te itilize nan Jan 20: 27-28 pou Apot la te kwè? _____
_____
_____
_____

d. Kisa Matye 13: 3 endike nou ki te mwayen vizyèl ke Jezi te itilize pi plis nan ansèyman l yo? _____

_____

e. Nan ki anviwònman Pòl te preche ak anseye nan lavil Efèz dapre Travay 20:20? _____

3. Ki objektif ministè sa nan legliz lokal mwen an?

Objektif Ministè Kominikasyon yo se sipòte legliz la fidèlman anonse mesaj levanjil la epi bay enfòmasyon sou ministè legliz la. Pandan y'ap sèvi avèk ministè sa kòm yon zouti ki gen anpil valè, legliz la ap chèche sèvi ak tout mwayen li kapab jwenn pou li pataje mesaj lavi ki pap janm fini an ak sentete ladan li espesyalman pou moun ki pa patisipe ladan li.

Nan tablo ki anba a, endike avèk yon X mwayen kominikasyon ke w wè legliz ou a ap itilize kounye a. Pran nòt pou wè ke mwayen sa a yo kapab oryante sou anndan legliz la, deyò legliz la ak nan tou de. Ou kapab ajoute lòt nan espas ki vid yo.

X	Sou anndan	X	Sou deyò	X	Tou de
	Manm dakèy (chef)		Katèl avèk non legliz la ak orè aktivite yo		Emisè radyo lokal
	Kat byenveni		Bilten distri a		Kanal TV ak Kab
	Trifol enfòmasyon pou ministè legliz la		Jounal lokal (sou bouk la oswa vil la)		Sit web
	Bilten pou legliz la		Jounal nasyonal		Distribisyon jounal Heraldo Sentete
	Magazin miray		Sèk piblisite		Anrejistreman mizik oswa videyo piblikasyon yo
	Pwogram pou kilt		Piblisite mobil		
	Anons sou chè a		Limit bloke nan mache ki nan zòn nan, bouk oswa vil la		
	Transparans, katèl oswa fèy chan		Envitasyon pèsonèl		
	Fèy demann priyè		Reklam dirèk (de kay an kay)		
	Apèl telefonik pou manm yo		Distribisyon bwochi (pou chak moun)		
	Kat pou manm yo				
	E-mail				
	Videyo ENFOMAS (Jounal pou enfòmasyon Legliz Nazareyen)				

4. Kouman Ministè sa kapab ede m devlope nan lavi kretyèn?

Patisipe nan ministè kominikasyon nan legliz la ede nou kontinye patisipe aktivman nan misyon Bondye, gremesi ministè legliz lokal yo. Nan fason sa a lavi nou vin byennere paske déjà n'ap travay pou edifye sen yo, epi sove limanite.

Angajman pou patisipasyon sa a pral touche nou nan lavi sosyal ak espirityèl nou. Nou pral jwenn benediksyon lè n'ap travay nan kò Kris la avèk lòt yo (1 Korentyen 12:12-26) epi nou pral patnè Jezi nan misyon li (2 Korentyen 5:20).

5. Kijan ministè sa devlope nan legliz lokal la?

Ministè Kominikasyon an laj anpil epi kapab devlope nan plizyè fason. Li enpòtan anpil pou pa rete tann jiskaske ou gen dènye nonce ekipman yo pou devlope ministè kominikasyon yo. Koumanse fè ti kout je sou nesesite yo ak kapasite avèk resous disponib yo. Pa egzanp, koumanse fè yon pwogram pou anonse pwochen aktivite legliz la. Si nan legliz ou a gen yon jounal miray, travay ladan li pou fè li atire moun pou l kapab yon mwayen kominikasyon efikas.

Kontakte pastè a ak direktè ministè yo nan legliz la pou yo kapab genyen enfòmasyon sou ministè ak aktivite yo genyen yo. Se pou w kreyatif pou w enfòme kongregasyon an. Epitou ou ka kòmanse yon bilten pou legliz lokal la. Li enpòtan pou nou reflechi sou ministè sa a kòm yon mwayen nan kò Kris la pa mwayen limenm Bondye ka sèvi ak ou avèk otorite. Se poutèt sa, pran angajmen nan legliz la ak lidè yo epi pran defi pou w devlope ministè Kominikasyon nan legliz ou a. Pètèt ou pral jwenn obstak, men annavan! Bondye avè ou!

Èske mwen ta kapab reyalize ministè sa?

1. Mwen prè pou m ale de kay an kay pou m fè piblisite pou aktivite k'ap fèt nan legliz mwen nan zòn bò lakay mwen.
   Wi ☐   Non ☐

2. Mwen renmen kreye pwomosyon pou anonse aktivite legliz la.   Wi ☐   Non ☐

3. Mwen ta renmen kenbe rezo sosyal nan legliz mwen an.
   Wi ☐   Non ☐

4. Mwen kapab pale ak moun ke pèsonn pa rekonèt.
   Wi ☐   Non ☐

5. Mwen renmen ekri atik, promo, elatriye pou jounal lokal la.   Wi ☐   Non ☐

6. Mwen kreyatif lè pou m fè pwomosyon pou aktivite nan legliz mwen an.   Wi ☐   Non ☐

7. Mwen panse ke li esansyèl pou nou sèvi ak entènèt, rezo sosyal yo pou nou kapab ankouraje evènman legliz la.
   Wi ☐   Non ☐

8. Mwen ta renmen anrejistre predikasyon pastè a pou m bay lòt moun yo koute.   Wi ☐   Non ☐

9. Mwen toujou ap chèche resous pou kongregasyon an ka pi byen enfòme.   Wi ☐   Non ☐

10. Mwen te kreye yon sit entènèt pou pibliye legliz la.
    Wi ☐   Non ☐

Si omwen 7 nan repons ou yo se te Wi, ou ta kapab sèvi legliz la nan Ministè nan Kominikasyon.

Materyèl yo dwe itilize pou fòmasyon nan ministè sa a:
- *Lekòl Lidèchip - kou de baz, Kominikasyon*

MINISTÈ REJYONAL KOMINIKASYON AP EPI KONTINYE TRAVAY ANPIL NAN 3 DÈNYE LANE YO, NAN KREYE YON SIT ENTÈNÈT (MESOAMERICAREGION.ORG) KÒM YON SOUS SIPÒ POU LEGLIZ LOKAL AK MINISTÈ LI YO. NOU KONTE SOU RESOUS ODYOVIZYÈL TANKOU: PWOGRAM RADYO, EKRI, VIDEYO, CHAN NAN EKRAN, FOTO, JOUNAL, KAT JEYOGRAFIK ENTÈAKTIF, ELATRIYE!!! DEJA OU KAPAB RIVE RESEVWA YO GRATIS !!!

Ministè Ansèyman Disip Pèsonèl

I. Kisa Ministè ansèyman disip pèsonèl la ye?

Ministè ansèyman disip pèsonèl nan legliz lokal la se Fòmasyon entegral ak entansyonèl pou tout lavi moun sa yo ki rekonèt Jezi kòm Sovè. Kalite ansèyman disip sa ede temwen Jezi yo koumanse ak devlope yon relasyon etwat epi kwasan avèk Li pou sèvi lòt yo pa mwayen legliz la.

2. Itilize Bib la pou konplete fraz sa yo:

a. Konfòm avèk Matye 10 :1, kisa Jezi te fè nan koumansman ministè li? _____
_____
_____
_____
_____

b. Ki kondisyon Jezi etabli nan Mak 8 :34 pou moun ki vle swiv li? _____
_____
_____
_____

c. Dapre Lik 6 :40, kijan relasyon Jezi ki se pwofesè a dwe ye avèk disip li yo? _____
_____
_____

d. Kisa ki dwe karakterize disip yo de Jezi, konfòm avèk Jan 13:35? _____
_____
_____

e. Nan Travay 6:7, kisa ki te pase ak kantite disip yo nan legliz primitiv? _____

3. Ki objektif ministè sa nan legliz lokal mwen an?

Ministè Ansèyman Disip Pèsonèl—anba direksyon Ministères De L'école Du Dimanche Et De La Formation De Disciples Internationale (MEDFDI) epi konekte ak tout lòt ministè nan legliz la—sa ede pou ke nouvo kwayan yo kapab jwenn atansyon rapid pa mwayen lòt manm ki gen plis matirite nan legliz la epi yo kapab etabli yo sou yon baz tounèf nan lafwa yo avèk relasyon pèsonèl yo a avèk Kris. Nan fason sa yo kapab konsève fwi jefò evanjelizasyon yo.

Ansèyman disip la ede devlope kretyen avèk baz solid nan pelerinaj yo avèk Kris epi angaje yo nan travay Bondye a. Konsa yo ta kapab pran plas yo nan legliz kòm manm ak lidè ki bay bon rezilta k'ap sèvi lòt yo pa mwayen ministè yo atravè legliz la. Ansèyman disip dinamik ak dirab nan legliz la pwodwi yon modèl pou kwasans pèmanan chak kretyen epi bay posiblite pou ke anpil sèvitè ak sèvant kapab rive anseye lòt, sa vle di: pou yo vin monitè.

4. Kijan ministè sa kapab ede m devlope nan lavi kretyèn mwen?

Pa mwayen patisipasyon nan ministè ansèyman disip pèsonèl ou kapab santi w itil, pou sa se pou w envesti fòs, tan, konesans ak resous pou gide lòt yo nan chemen Bondye. Se yon gran jwa lè nou wè kwasans yo semèn aprè semèn ak chanjman ke Bondye ap fè nan lavi yo e avèk relasyon yo ak lòt moun. Anplis de sa, kiltive yon relasyon zanmitay ak familyal espitityèl inik avèk frè oswa sè plis nan kongregasyon an avèk fanmi yo.

Lòt rezilta dirèk ki gen pou wè avèk patisipasyon nan ministè ansèyman disip pèsonèl se konplete pwòp kwasans espirityèl ou. Se egzakteman lè w anseye oswa pataje eksperyans ak lavi ou avèk lòt yo ke angajman avèk Kris ap pran yon nivo yon fason espesyal.

Finalman, li gen pou wè avèk lasante, devlopman avèk miltiplikasyon entegral legliz lokal la. Eksperimante gwo satisfaksyon pou konnen ke l'ap kontribye pèsonèlman nan akonplisman misyon legliz la.

5. Kijan ministè sa kapab dewoule nan legliz lokal mwen an?

Devlopman Ministè ansèyman Disip pèsonèl nan legliz la depann anpil de fason yo koumanse avèk ministè sa. Si ansèyman disip la kòm yon bagay ki entansyonèl ak òganize pa t egziste, ebyen legliz la gen doub defi: (1) Anseye kwayan yo epi (2) dekouvri; pran lòt moun ankò pou travay ak prepare moun ki gen don yo, dispozisyon avèk tan nesesè pou koumanse ministè sa pou moun ki fèk konvèti yo.

Pilwen pase ansèyman disip debaz la, legliz la devlope yon sistèm ansèyman disip dirab ki ede chak moun legliz la rive genyen yon matirite nan Kris la. Sa gen ladan li gide moun yo rive fè pati gwoup manm legliz yo, eksperyans sanntifikasyon total, dekouvèt don yo, ministè chak moun ak reyalizasyon yon lavi ki la pou sèvi lòt moun.

Si w rankontre avèk kapasite debaz pou patisipe nan ministè ansèyman disip nan legliz lokal ou a, mete tèt ansanm avèk pastè w oswa lidè legliz lokal MLDD ou pou kontribye nan ministè sa ki tèlman enpòtan.

Èske mwen ta kapab reyalize ministè sa?

1. Èske w gen yon konesans debaz de verite prensipal ki nan Bib la?   Wi ☐ Non ☐

2. Èske sa enterese w pou w kontribye nan kwasans espirityèl lòt yo?   Wi ☐ Non ☐

3. Èske w gen yon gwo temwayaj depi w rankontre avèk Kris la?   Wi ☐ Non ☐

4. Èske w nouri ak Pawòl la avèk lapriyè pou kwasans espirityèl ou chak jou?   Wi ☐ Non ☐

5. Èske kèk sèvitè nan legliz la te pale avèk ou de talan li genyen pou l anseye ak gide lòt moun nan chemen Bondye? Wi ☐ Non ☐

6. Èske w vle kontinye aprann konesans sou pawòl Bondye ak metòd pou ede lòt yo grandi nan lafwa?   Wi ☐ Non ☐

7. Èske yo rekonèt ou pou pasyans ak pèseverans ou genyen nan sa w'ap fè?   Wi ☐ Non ☐

8. Èske w konprann nouvo kwayan yo avèk sitiyasyon lavi yo nan tan pase yo?   Wi ☐ Non ☐

9. Èske w angaje w avèk ministè nan legliz lokal ou epi bay sipò ou ak asistans ou nan sèvis yo ak sipò ekonomikman? Wi ☐ Non ☐

10. Èske w kapab itilize materyèl enprime yo kòm gid oswa chèche lòt mwayen pou ke yon moun devlope nan lafwa li? Wi ☐ Non ☐

Si pou pi piti 7 nan repons ou yo se Wi, ou kapab sèvi nan legliz ou a nan Ministè Ansèyman Disip Pèsonèl.

Materyèl ki kapab itilize pou bay klas nan ministè sa:

- *Manyèl fòmasyon debaz pou ansèyman disip.*
- *Leson debaz pou ansèyman disip,* pou granmoun yo. Ansanm avèk leson sa yo liv bous yo: Diksyonè pou nouvo kretyen yo, Pataje Kris ak fanmi e zanmi mwen yo, pale de Jezi chak jou, Ini nan fanmi Bondye a, Sa noumenm moun legliz nazareyen yo kwè, Kat etap pou vin yon moun ki peye ladim ak kè kontan, Ou pral resevwa pisans ak kijan pou li Bib la chak jou epi aprann de li.
- *Magazin ansèyman disip pou jèn yo.* Diferan otè. Ed. Asoc.CN-MAR, Gwatemala.
- *Zanmi Jezi Yo, Jèn Kwayan Yo*
- *Swiv Jezi,* twa tòm: I-Kimoun Jezi ye epi kisa sa vle di swiv li?; II-Kisa sa vle di mache avèk Kris?; III-Kisa sa vle di fè pati pèp Bondye a?
- *Entwodiksyon pou kantite manm legliz la.* Ed.KPN, E.U.
- *Lekòl Lidèchip—Pwogram debaz yo, Pwogram ansèyman disip kretyen yo.*

Ministè
Evanjelizasyon

I. Kisa Ministè Evanjelizasyon an ye?

Ministè Evanjelizasyon nan legliz la gen ladan li tout efò pou rive jwenn lòt moun pou Kris la epi fè yo vin fè yon sèl ak kominote disip yo. Swiv modèl Jezi epi kontinye ak misyon li a (Lik 4:8-19), li mennen nou nan devlope estrateji ak pratik pou mete tout disip Jezi yo nan pataje levanjil la efektivman bay moun ki bò kote nou yo. Avèk sa, apwòch evanjelizasyon nou an ap pèmèt nou plante legliz tounèf. Sa a se vin tankou l'!

2. Sèvi ak Bib la, ranpli fraz sa yo:

a. Nan Jan 3:16, Ki objektif ki te fè Bondye voye Pitit li a nan mond lan? _____

_____

_____

b. Kisa kat zanmi nonm paralize a yo te fè nan Mak 2:3-4, ki reflete sa nou dwe fè ak moun ki pa gen okenn aksè nan Jezi?_____

_____

_____

_____

c. Si nou gade Lik 4:18-19 kòm konsantrasyon ministè evanjelizasyon Jezi a, ki sa sèt dimansyon ministè sa yo ye?

1. _____

2. _____

3. _____

4. _____

5. _____

6. _____

7. _____

3. Ki objektif ministè sa nan legliz lokal mwen an?

Objektif Ministè Evanjelizasyon nan legliz lokal la gen divès kalite enpòtans, pami yo genyen:

Ankouraje evanjelizasyon an epi asire konsèvasyon fwi evanjelizasyon an.

Rete konsantre epi ankouraje ale nan direksyon nesesite Sali moun ki nan antouraj nou yo genyen.

Devlope epi aplike estrateji pou entegre evanjelizasyon nan lavi tout legliz la. Bay yon apwòch evanjelizasyon nan tout ministè nan legliz la yo k'ap pèmèt nou touche lavi moun avèk Bon nouvèl Kris la. Apwòch sa a tou pral pou ede aplike pwogram kontak denominasyon rejyonal ak distri.

Gide nouvo konvèti yo prepare yo pou yo vin fè pati manm legliz ki pataje lafwa yo, rive jwenn lòt moun pou Kris la, epi angaje yo nan evanjelizasyon mondyal pa mwayen patisipasyon yo nan ministè nan legliz lokal la.

4. Kijan ministè sa kapab ede m devlope nan lavi kretyèn mwen?

Yon lavi kretyèn ki base sou evanjelizasyon biblik ap ede pou toujou genyen devan nou Sali moun yo kòm priyorite epi konsa plis angaje nou pou nou patisipe ak kreye nenpòt lòt mwayen nan legliz la pou reyalize sa.

Nesesèman, fason sa a nan lavi ap afekte lavi espirityèl li epi kidonk aksyon li yo. L'ap mennen yon lavi konsakre tankou Jezi, pèmèt volonte li fèt nan oswa atravè oumenm; nan yon lavi ki konsantre nan lapriyè ak konpasyon pou moun pèdi yo epi nan favè disip Jezi yo ke n'ap chèche atire lòt moun ak Bon nouvèl la. Epi finalman, pou kapab pèmèt yo prepare pou soti al pataje pou tout tan ak lòt moun Bon nouvèl lavi ki pap janm fini an.

5. Ki jan ministè sa a devlope nan legliz nonce lokal la?

Tout legliz la dwe gen yon vizyon evanjelistik ki reflete nan yon anviwònman ak dispozisyon pou resevwa ak preokipasyon pou nouvo konvèti yo.

Apa de sa, legliz la dwe òganize li pou ke kòm yon branch nan estrateji li, fè aktivite evanjelizasyon avèk moun ki gen laj diferan ak gwoup legliz la sou nesesite espesifik sa yo k'ap viv nan kominote a.

Pou rive reyalize sa, legliz la dwe toujou ap motive epi prepare nan itilize metòd evanjelizasyon efikas. Yo dwe itilize pi gran kantite ki posib ak metòd evanjelizasyon varye pou ka gen anpil nan manm legliz yo ladan li. Gade lis ki nan fen an.

Eske mwen ta kapab reyalize ministè sa?

1. Èske m 'gide anpil moun aksepte Kris la? Wi ☐ Non ☐

2. Èske mwen anvi wè tout moun sove? Wi ☐ Non ☐

3. Èske mwen santi mwen koupab lè mwen pa preche? Wi ☐ Non ☐

4. Èske mwen ka wè tèt mwen k'ap preche nan yon kwazad? Wi ☐ Non ☐

5. Mwen renmen antrene moun pou preche? Wi ☐ Non ☐

6. Èske mwen vle envesti tan nan aprann pataje Jezi ansanm ak lòt moun? Wi ☐ Non ☐

7. Èske ministè ki pi enpòtan se pataje levanjil la? Wi ☐ Non ☐

8. Eske mwen pè pou m pale moun de Jezi? Wi ☐ Non ☐

9. Mwen enkyete ke gen moun ki pral nan lanfè si mwen pa pataje levanjil la avèk yo? Wi ☐ Non ☐

10. Lè m'ap pataje levanjil la, mwen gen pouvwa Bondye? Wi ☐ Non ☐

Si omwen 7 nan repons ou yo se te Wi, ou ta ka sèvi nan legliz ou nan Ministè Evanjelizasyon.

Materyèl yo dwe itilize pou fòmasyon nan ministè sa a:
- Kolizyon ki genyen ant lalwa ak lagras (liv)
- Kib avèk kat evanjelik yo
- Kib ak kat sentete yo
- Pouvwa yon legliz gloriye
- Espedisyon espirityèl
- Fim jezi
- Manyèl pou evanjelizasyon
- Manyèl pou fim jezi
- Manyèl pou vin tankou l'
- Esperans reyèl
- Plantè zòn misyonè
- Lekòl lidèchip - kou preliminè a, pwogram evanjelizasyon
  www.mesoamericaregion.org ¨klike¨ Evangelism

Ministè Evanjelizasyon pou Jèn

1. Kisa Ministè Evanjelizasyon pou Jèn nan ye?

Li se yon ministè ki, ansanm ak ministè JNI ak evanjelizasyon lokal yo, ankouraje ak angaje jèn yo nan legliz la fè travay evanjelizasyon an, k ap gide yo rive jwenn matirite espirityèl kap fè yo plis sanble avèk Kris la nan lit pou yo miltipliye pou yo kapab glorifye non Seyè a.

2. Sèvi ak Bib la, ranpli fraz sa yo:

a. Nan Mak 10:21, ki jan Jezi te gade jèn sa a? _____
_____
_____

b. Ki jan jèn gason sa a te ale lè li pa t' vle obeyi Jezi? Li Matye 19:22 ak Lik 18:23. _____
_____
_____
_____

c. Kontrèman a jèn gason sa a, ki jan li te resevwa nonm nan Lik? _____
_____
_____

–

d. Pou kisa Pòl mande lapriyè nan Efezyen 6:18-19? _____

_____

_____

_____

3. Ki objektif ministè sa a nan legliz lokal mwen an?

Ministè Evanjelizasyon Jèn nan gen pou objektif gide, devlope ak ekipe jèn moun yo pou vin sanble avèk Kris la e konsa konpli ak GRAN KOMISYON ki nan Matye 22 gwo: 34-40 ak Gran Komisyon an ki nan Matye 28: 19-20 li menm k'ap pwodwi yon GWO TRANSFÒMASYON nan jenerasyon jèn sa a.

Defi a se vin tankou Jezi epi pou sa nou prezante sèt disiplin biblik espirityèl ke Jezi te pratike.

Konplete fraz sa yo:

a. Jezi _ _ _ _ _ _ _ konplètman, rann nan fason sa a volonte li (Galat 2:20).

b. Jezi _ _ _ _pou moun ki kwè yo (Mak 1:35 ak Lik 10:21 Lik 6:12).

c. Jezi te moutre _ _ _ _ _ _pou pèp la epi reyalize yon travay konpasyon (Matye 4:23).

d. Jezi _ _ _ _ _ _ _ wayòm Bondye a (Lik 4:18-19).

e. Objektif Jezi se te _ _ _ _ _ _ _ moun ki pèdi yo nan (Lik 19:10).

f. Jezi _ _ _ _ _ _ _ _ _ disip li yo (Jan 13:15).

g. Jezi delege _ _ _ _ _ _ _ _ _ _ disip li yo. (Lik 9:1-2).

Pral gen travay nan tèt ansanm avèk JNE pou devlope epi aplike yon varyete ministè kontinyèl ak evènman espesyal pou rive jwenn jèn moun pou Kris la.

4. Kòman ministè sa kapab ede m devlope nan lavi kretyèn mwen?

Si ou se jèn, ministè sa a pral ede ou pataje renmen ak konpasyon pou moun ki toujou pa konnen Bondye. L'ap toujou angaje pou envite lòt moun yo vin disip Jezi. Kalite lavi pou oryante lòt yo pral ede w grandi nan lavi sentete kòm jèn nan mond nou an.

Antanke yon adilt se yon benediksyon pou fè pati yon legliz lokal ki gen yon ministè jèn, enteresan e dinamik, ki konsantre sou atire lòt jèn moun nan Kris la, fè li vin Seyè li epi akonpaye li nan lavi li ak ansèyman disip nan tout desizyon enpòtan pou tout rès lavi li.

5. Kijan ministè sa devlope nan legliz lokal la?

Ministè evanjelizasyon jèn devlope nan legliz lokal la pa mwayen òganizasyon Jenès Nazareyen Entènasyonal JNE lokal ak lidè yo avèk twa ministè debaz yo ki se evanjelizasyon, disip ak lidèchip.

Yon zouti ki gen anpil valè pou reyalize avèk efikasite ministè evanjelizasyon jèn yo se kreyasyon Zanmitay Gwoup jèn yo. Ti gwoup jèn sa yo konstwi kominyon nan mitan jèn yo, kwasans espirityèl atravè lapriyè ak aplikasyon Bib la nan lavi yo, ak devlopman jèn lidè. Sepandan, bi espesifik Gwoup Zanmitay Jèn nan se envite jèn ki pa kretyen yo vin fè pati gwoup la pou yo kapab fè eksperyans ak lanmou Bondye epi remèt li lavi yo. Apre gwoup sa fin grandi ak divize epi swiv menm dinamik la pou rive jwenn anpil jèn pou Kris la.

Èske mwen ta kapab reyalize ministè sa?

1. Èske mwen enkyete sou eta lavi nan jèn moun nan kominote mwen an.   Wi ☐   Non ☐

2. Mwen renmen pataje mesaj levanjil la avèk lòt jèn yo. Wi ☐   Non ☐

3. Li fè m mal anpil epi mwen gen enkyetid sou fason jèn moun nan kominote mwen an ap konpòte yo.   Wi ☐   Non ☐

4. Mwen prè pou m louvri lakay mwen pou m pataje avèk jèn ki bezwen Seyè a.   Wi ☐   Non ☐

5. Mwen santi nesesite pou m antrene lòt jèn moun nan metòd oryantasyon pou evanjelizasyon.   Wi ☐   Non ☐

6. Mwen angaje nan ansèyman disip nouvo jèn pou devlopman espirityèl konplè.   Wi ☐   Non ☐

7. Mwen deside kontinye aprann ak antre pi fon nan relasyon mwen ansanm ak Kris la avèk lòt moun yo pou leve lidè nan mitan jèn yo.   Wi ☐   Non ☐

8. M'ap sèvi ak jenès mwen pou m atire lòt jèn pou Kris. Wi ☐   Non ☐

9. Mwen vle fè pati legliz li a ak yon jenès dinamik, ki grandi epi k'ap chèche jèn moun ki pèdi nan mond lan.   Wi ☐   Non ☐

10. Si Seyè a rele m pou m vin evanjelis nan mitan jèn yo m'ap aksepte.   Wi ☐   Non ☐

Si omwen 7 nan repons ou yo se te Wi, ou ta ka sèvi nan legliz la nan Ministè Evanjelizasyon jèn yo.

Materyèl yo dwe itilize pou fòmasyon nan ministè sa a:

Resous:
- Manyèl "Se pou nou tankou Jezi"
- Manyèl "Gwoup zanmitay Jenès la"
- Manyèl "gwoup lidèchip amitye jivenil "
- Atelye Sèks, manti ak verite
- Kan: Evanjelizasyon annaksyon
- Manyèl ak Kib evanjelik
- Fim Jezi
- Lekòl Lidèchip - kou Preliminè a,
- Ministè pou Jèn, ak Evanjelizasyon

Pwogram:
- Se pou tankou Jezi.
- Gwoup zanmitay Jenès la.
- Gwoup lidèchip amitye jivenil.
- Gwoup zanmitay Jenès la ak legliz òganize.
- Konjesyon Serebral.
- Sèks, manti ak verite a.
- Fim Jezi.
- Kib Evanjelik.
- Evanjelizasyon annaksyon.

Sit entènèt: www.mesoamericaregion.org/es/jni

Jeunesse Nazaréenne
Internationale

I. Kisa Ministè Jeunesse Nazaréenne Internationale la ye (JNI)?

JNI a se ministè Legliz Nazareyen egziste pou al fè jèn moun yo rive genyen yon relasyon ak Bondye k'ap dire pou tout lavi. Anplis de sa, li se gwoup jèn Nazareyen tou k'ap adore, sèvi, ap grandi, travay ak pran plezi ansanm.

JNI a gen ladan li tout jèn moun nan legliz la ak moun ki santi yo jèn ki vle preche ak bay ansèyman disip a lòt jèn. Menm si pa ta gen jèn moun nan legliz yo, JNI gen yon rezon pou li egziste: Al chèche jèn moun pou Kris!

2. Sèvi ak Bib la, ranpli fraz sa yo:

   a. Youn nan vèsè ki bay ministè JNI sipòte se 1 Timote 4:12. Dapre tèks sa a, nan ki branch yo envite jèn nan pou l yon egzanp?

     1. _____

     2. _____

     3. _____

     4. _____

     5. _____

     6. _____

b. Tout aktivite JNI gen yon sèl objektif ki se:
Fè _____ pou Jezi (Matye 28:19-20).

c. Ministè jèn yo gen yon objektif defini aklè. Baze sou Kolosyen 1:28, ki sa ki objektif ministè jèn nan?
Prezante _____ nan_____ bay tout jèn.

3. Ki objektif ministè sa nan legliz lokal mwen an?

Omwen 300 milyon moun nan Amerik Latin ak Karayib se jèn. Sepandan, majorite nan moun sa yo pa gen okenn relasyon pèsonèl avèk Kris la. Pakonsekan enpòtans ki genyen nan yon ministè entegre pa jèn ki rele moun k'ap viv koulye yo vin viv yon lavi dinamik nan Kris la, limenm ki di nou ke disip li yo nou se _____ ak_____ mond lan kote n ap viv la (Matye 5:13-16).

Anplis de sa, yon fwa yon jèn fin rekonèt Jezi kòm Sovè pèsonèl, li enpòtan pou l jwenn yon anviwònman ki ede li nan kwasans espirityèl li. Anviwonman sa a ki soti nan men JNI, kòm ministè epi kòm yon gwoup zanmi. Dapre Efezyen 4: 15-16, avèk kisa kretyen yo konpare epi kisa nou dwe swiv?

_____

_____

_____

_____

4. Kouman ministè sa kapab ede m devlope nan lavi kretyèn mwen?

a. Si ou se jèn, nan JNI w'ap jwenn èd nan men granmoun ak lòt jèn moun tou ki deside swiv Jezi, ki te oswa ap konnen sitiyasyon ki sanble ak pa w la.

b. Si ou se yon granmoun epi vle ede jèn moun yo, JNI ap baw espas pou bay sèvis nan mitan adolesan ak jèn yo.

c. Anplis de sa, fè pati JNI pèmèt asime, ansanm ak lòt jèn, defi pou rive jwenn adolesan ak jèn moun pou Kris la.

5. Ki jan ministè sa devlope nan legliz lokal la?

Ministè JNI la devlope sou baz ministè yo:

Evanjelizasyon: JNI devlope ak aplike yon varyete de ministè kontinyèl ak evènman espesyal pou rive jwenn jèn moun pou Kris la.

Ansèyman Disip: JNI devlope ak aplike yon varyete de ministè kontinyèl ak evènman espesyal pou edifye ankouraje jèn moun yo grandi kòm disip Kris nan devosyon pèsonèl, adorasyon, di Bondye mèsi, ministè epi mennen lòt moun nan Kris la.

Lidèchip: JNI devlope ak aplike yon varyete de ministè kontinyèl ak evènman espesyal pou gide ak prepare jèn yo pou yo vin lidè pou Kris la avèk legliz li.

Gen yon varyete de resous ke Ministè JNI kapab itilize; reyèlman limit la se menm kreyativite lidè legliz yo. Sepandan, la a yo site kèk nan resous ak pwogram ki kapab itil nan legliz ou a.

Nan Non Jezi - Pwogram Lapriyè pou devlope yon vi de priyè nan jèn moun yo.

Sèks, manti ak… verite - Yon pwogram pou ranfòse karaktè jèn nan ki baze sou yon pèspektiv biblik nan zafè sèks.

Maksimòm Misyon - Yon pwogram pou mobilizasyon tout moun ki vle devlope don ak talan yo pa mwayen vwayaj misyonè an gwoup ki pap pran anpil tan.

Konpetans Biblik pou Jèn - Yon pwogram enteresan ki ankouraje adolesan mennen yon vi kote l'ap fè lekti chak jou, etid ak obeyi Pawòl Bondye a.

Pastoral pou Jèn - Yon pwogram ki fèt pou reyalize ekselans nan Konesans nan ministè jèn ak adolesan yo.

Èske m ta kapab reyalize ministè sa?

1. Li fasil pou mwen kominike avèk adolesan ak jèn moun. Wi ☐   Non ☐

2. Mwen eksite lè m wè jèn ak jèn adilt aksepte Kris kòm Sovè yo.   Wi ☐   Non ☐

3. Mwen renmen ede nan aktivite adolesan ak jèn adilt, menm si mwen ta pèdi nwit pou sa.   Wi ☐   Non ☐

4. Mwen renmen ministre adolesan ak jèn adilt yo avèk mizik modèn yo.   Wi ☐   Non ☐

5. Mwen renmen ede kòm yon konseye nan kan.
Wi ☐   Non ☐

6. Mwen vle ede nan fòmasyon vo jèn lidè yo.
Wi ☐   Non ☐

7. Mwen konvenki ke adolesan ak jèn moun yo gen plas nan sèvis legliz la.   Wi ☐   Non ☐

8. Mwen ankouraje adolesan ak jèn yo preche lòt jèn.
Wi ☐   Non ☐

9. Mwen te yon lidè adolesan ak jèn adilt.   Wi ☐   Non ☐

10. Mwen enterese pou m ede jèn moun yo, se pa sèlman nan lavi espirityèl yo, men tou, nan lòt bagay ki gen pou wè ak lavi yo.   Wi ☐   Non ☐

Si omwen 7 nan repons ou yo se te Wi, ou ta ka sèvi legliz la nan Ministè Jeunesse Nazaréenne Internationale.

Materyèl yo dwe itilize pou fòmasyon nan ministè sa a:

- Diplòm nan Ministè Pastoral Jèn ki soti nan Akademi Ministè an kolaborasyon avèk SENDAS ak ASTN
- *Manyèl Reyaktif,* Jèn Lidèchip Fòmasyon. 2015
- *Liv plan vòl la*, Milton Gay, Gwatemala, 2013
- *52 devosyon sou Levanjil Jan an,.* Arturo Molina. Ed. Assoc. CN-MAC, Gwatemala, 2003.
- *Jounal Jèn ansèyman disip.* Plizyè otè. Ed. Assoc. CN-MAC, Gwatemala.
- Liv Gid Konpetans Biblik pou Jèn.
- Manyèl Group Zanmitay Jèn yo.
- Manyèl Maksimòm Misyon.
- Lekòl Lidèchip - kou Preliminè a, Pwogram pou Ministè jèn yo

Ministères De L'école Du Dimanche Et De La Formation Disciples Internationale

I. Kisa Ministères De L'école Du Dimanche Et De La Formation De Disciples Internationale la ye (MEDFDI)?

Ministères De L'école Du Dimanche Et De La Formation De Disciples Internationale la ede nou akonpli Gran Komisyon an nan sèvi timoun yo, jèn moun ak granmoun pou prepare yo pou yon lavi sentete kretyen. MEDFDI la enpòtan nan ministè edikasyon legliz la. Ministè ki konfòme MEDFDI yo divize an twa:

a. **Ministè pou Timoun yo:** Lekòl Dimanch la, disip, kan, Ministè Konkou Biblik pou Timoun (MKBT), Legliz pou Timoun yo, Lekòl Biblik Vakans, Espò, Kado lanmou, ak defile, elatriye.

b. **Ministè pou jèn yo:** Lekòl Dimanch la, disip, Kado Lanmou, Espò, elatriye.

c. **Ministè pou granmoun yo:** Lekòl Dimanch la, disip, yon lavi abondan (granmoun aje), Ministè fanm, Ministè gason, Ministè pou moun ki marye KP, Ministè pou granmoun ki sèl yo, elatriye.

2. Sèvi ak Bib la, ranpli fraz sa yo:

a. Lòd ki bay nan Matye 28:20?_____

_____

_____

MEDFDI

b. Dapre Mak 1:22, ki sa atire atansyon nan ansèyman Jezi a?

_____

_____

c. Li Lik 18: 9-30. Fè yon ti wonn alantou youn nan altènativ pou kesyon yo:

Ki moun Jezi t'ap anseye nan vv. 9-14?
   Granmoun yo   Jèn yo   Timoun yo

Sou kisa Jezi t'ap anseye nan vv. 15-17?
   Granmoun yo   Jèn yo   Timoun yo

Ki moun Jezi t'ap bay ansèyman nan vv. 18-30?
   Granmoun yo   Jèn yo   Timoun yo

d. Ki moun ki te pwemye pwofesè nan legliz la dapre Travay 2: 4?_____

3. Ki objektif ministè sa nan legliz lokal mwen an?

Objektif MEDFDI a gen kat faz:

a. Vin yon moun ki kwè nan lapriyè, ki konekte nan Pawòl Bondye a, fè disip ki sanble avèk Kris.

b. Devlope Entansyonèlman relasyon ak moun ki pa reyalize yo ka vin disip Kris.

c. Moutre timoun yo Pawòl Bondye a ak, jèn moun ak granmoun yo pou yo kapab sove, sanntifye konplètman, epi pran matirite konplètman nan Eksperyans kretyen yo, sa ki lakòz yon lavi nan konpasyon, evanjelizasyon, edikasyon kretyen, ak fè disip.

d. Ankouraje tout moun patisipe fidèlman nan ministè disip la tankou lekòl Dimanch la Etid biblik, ti gwoup, ak lòt ministè pou fè disip.

4. Kòman mwen ka benefisye de ministè sa a nan devlopman lavi kretyèn mwen?

a. Kè ministè sa yo se MEDFDI lekòl Dimanch ak ti gwoup kote y'ap resevwa, chak semèn, ansèyman biblik solid nan men yon pwofesè ak lòt frè ak sè ki gen menm laj la. Atravè klas sa yo moun nan ap toujou nouri pa mwayen pawòl Bondye a epi dekouvri kouman pou l aplike nan lavi chak jou prensip li te aprann epi grandi nan kominyon ansanm ak lòt yo. Elèv ak pwofesè yo vin tounen yon gwoup sipòtè.

b. Epitou Lekòl didimanch ak ti gwoup yo bay opòtinite pou timoun yo, jèn moun ak granmoun yo aprann ak envite zanmi san gade pwoblèm laj pou yo resevwa ansèyman ki nan Bib la. Ministè sa a asire ke l'ap kapab kontinye grandi antanke disip fidèl Jezi pandan tout lavi yo.

c. Lòt Ministè MEDFDI yo bay chans pou grandi ansanm ak lòt gwoup tankou moun ki marye yo, mesye yo ak fanm yo, granmoun aje ak diferan aktivite pou aprantisaj dapre laj yo yo genyen: Ministè Konkou Biblik pou Timoun, Lekòl Biblik Vakans ak lòt ankò. Anmezi moun nan ap grandi, si apèl li a se nan ansèyman, li kapab vin monitè ak / oswa mennen youn nan ministè sa yo.

5. Ki jan ministè sa a devlope nan legliz lokal?

Se komite ki gen pou responsablite pwogram edikasyon kretyèn nan ak ansèyman disip nan legliz lokal la k'ap dirije MEDFDI a, avèk sèten dwa, obligasyon ak responsablite. Komite sa a anba dominasyon gran komite lokal la. Youn nan fonksyon prensipal li yo se òganize Lekòl dominikal ak ti gwoup ke yo chwazi ak fòmasyon antrenè nan chak klas epi kreye mwayen pou jwenn lajan pou materyèl ministè sa.

Kòm nou te wè deja, gen anpil lòt ministè ki ka fèt nan legliz la pa mwayen MEDFDI, men yo depann de lidè nou genyen ki disponib yo ak bezwen espesifik legliz nou an.

MEDFDI se yon ministè debaz epi k'ap kontinye nan legliz lokal la. Nou dwe patisipe ladan li epi kontinye agrandi ak amelyore tout aspè nan ministè sa a. Li esansyèl pou genyen nan legliz la yon ministè ansèyman ak disip ki kouvri tout kalite laj moun k'ap asiste yo.

Èske mwen ta kapab reyalize ministè sa?

1. Mwen angaje mwen nan edikasyon kretyen pou tout laj. Wi ☐   Non ☐

2. Mwen konprann ke legliz la ka rive jwenn moun nan diferan ministè.   Wi ☐   Non ☐

3. Mwen te dekouvri ke mwen gen kapasite ak volonte pou m anseye.   Wi ☐   Non ☐

4. Mwen konvenki ke nouri moun yo avèk verite biblik la ap ede yo grandi espirityèlman.   Wi ☐   Non ☐

5. Mwen kapab anseye disip pou nouvo konvèti yo. Wi ☐ Non ☐

6. Mwen konsidere li nesesè pou m kontinye aprann epi kenbe metòd ansèyman.   Wi ☐   Non ☐

7. Mwen gen fasilite pou m prepare materyèl pou anseye nan klas yo.   Wi ☐   Non ☐

8. Mwen renmen fasilite aprantisaj an gwoup, li te mèt timoun yo, jèn ak granmoun.   Wi ☐   Non ☐

9. Ansanm ak mari oswa madanm mwen nou renmen ede moun marye yo.   Wi ☐   Non ☐

10. Mwen prè pou m patisipe nan reyinyon planifikasyon ak evalyasyon nan MEDFDI.   Wi ☐   Non ☐

Si omwens 7 nan repons ou yo se te Wi, ou ta ka sèvi Legliz la nan yon ministè nan Ministères De L'école Du Dimanche Et De La Formation De Disciples Internationale.

Materyèl yo dwe itilize pou fòmasyon nan ministè sa a:
- Manyèl Òganizasyon MEDFDI.
- Manyèl òganizasyon de: LBV (Lekòl Bib Vakans), Legliz Timoun, MKBT (Ministè Konkou Biblik pou Timoun), kan pou timoun, Ministè pou fanm yo, mesye yo, granmoun ki antre nan laj yo (lavi abondan), granmoun ki pa gen mari oswa madanm yo, andikape yo (Kado lanmou), Moun ki marye yo (KP).
- Ansèyman disip pou timoun : zanmi Jezi yo, jèn ki kretyen yo
- Ansèyman disip pou adolesan ak jèn yo: Leson debaz yo, wo vòltaj, yon vwayaj nan direksyon ki kòrèk la, Magazin ansèyman disip pou jèn yo.
- Ansèyman disip pou granmoun: Leson Debaz pou ansèyman disip, pandan n'ap swiv Jezi Liv 1, 2, 3
- Lekòl Lidèchip - kou Preliminè yo, Fòmasyon pou ansèyman disip kretyen.
- Sit entènèt: *www.discipleship.mesoamericaregion.org*

Mission Nazaréenne Internationale

I. Kisa Ministè Mission Nazaréenne Internationale la ye (MNI)?

Mission Nazaréenne Internationale yo se esans oswa kè Misyon global nan chak legliz nan lemond. Li travay nan tèt ansanm avèk Misyon Global nan tout nivo legliz—lokal, distri, zòn, rejyonal, ak global epi fonksyone nan inyon konfòm avèk direksyon lidè distri yo, rejyon ak global yo.

2. Itilize Bib la pou konplete fraz yo:

a. Nan Ansyen Testaman (Jenèz 12 :1-3) Bondye rele Abraram pou te fè l vin yon gwo nasyon ki ta pral _____ tout fanmi sou latè.

b. Apre rezirèksyon li, Jezi te bay lòd pou disip li yo te (Matye 28:19-20): _____ epi fè disip _____ _____, batize yo nan Non Papa, nan Non Pitit la, ak Sentespri a.

c. Anvan li te moute nan syèl la, Jezi te fè disip li yo konnen ke yo ta pral resevwa pisans Sentespri a pou yo te kapab vin temwen li nan_____, nan tout_____, nan _____ak jouk nan_____.

d. Nan revelasyon Bondye te bay Jan nan Revelasyon 5:9 li etabli ke levanjil la se pou tout moun epi avèk san li Jezikris te achte lèzòm nan tout l _____ ak l _____ epi p _____ avèk n_____.

42

3. **Ki objektif ministè sa nan legliz mwen an?**

   Objektif MNI se ankouraje legliz la avanse nan misyon an atravè kat objektif estratejik: Lapriyè, edikasyon, ansèyman disip, ak ofrann.

   a. **Lapriyè:** Ki fè nou mete tèt nou ansanm pou nou "priye pou lidè ak legliz yo pou Sentespri a rale moun vin jwenn Kris".

   b. **Edikasyon:** Nou responsab pou nou "enfòme tout moun yo sou nesesite mond lan epi pèmèt legliz nou satisfè bezwen sa yo nan Kris la".

   c. **Ansèyman disip:** Ki mande nou pou n "gide tout moun, ki gen ladan l jèn moun ak timoun pou vin disip ki sanble avèk Jezikris".

   d. **Ofrann yo:** Kòm yon pati nan legliz global, nou responsab pou nou "mete tèt nou disponib ak byen nou, ak fon Mondyal evanjelizasyon, pou fè gaye wayòm Kris la". Kòm legliz misyonè menm jan ak legliz pa nou an, nou dwe sipòte travay misyonè legliz nazareyen, se pa sèlman mete nou prè pou nou patisipe nan travay li yo, men tou se pou nou ede avèk ofrann nou yo.

4. **Kijan ministè sa kapab ede mwen nan devlopman lavi kretyèn mwen?**

   a. Ogmante angajman ou pou entèsede pou mond lan ak nesesite li pou lavi ki pap janm fini an. Lapriyè a se fil ki ini mwen avèk Bondye pou mande li pou nesesite yo men espesyalman pou ke atravè nou menm, anpil moun rive nan pye li.

   b. Pran konesans sou sa k'ap pase nan chan. Kòm responsab nan edikasyon misyonè, m'ap gen moun k'ap priye, anseye epi bay.

   c. Resevwa defi ak ankouraje lòt yo sou apèl Bondye fè yo pou vin misyonè. MNE se responsab devlopman nouvo lidè misyonè yo atravè edikasyon misyonè.

   d. Aprann mete tèt mwen disponib ak resous mwen yo pou sipòte vwayaj misyonè yo atravè mond lan pou pataje levanjil ki bay anpil moun lavi ki pap janm fini an.

5. Kijan ministè sa devlope nan legliz lokal la?

Mission Nazaréenne Internationale yo (MNI) nan fòm lokal li se pral yon òganizasyon legliz lokal ki pral fè yon sèl ansanm ak pwojè pastè a avèk komite legliz la, pa mwayen asanble konsèy MNI lokal la limenm k'ap genyen ladan li: Legliz ki gen plis pase 100 manm ki toujou patisipe, reyinyon lokal chak lane pral eli pou pi piti 6 manm konsèy: Prezidan, Visprezidan, sekretè, trezorye, ak de lòt manm. Nan legliz ki gen pi piti pase 100 manm ki toujou bay asistans yo, asanble lokal chak lane a dwe eli kat lidè. Lidè sa yo dwe koumanse bay sèvis yo depi nan premye jou nan lane legliz la ki fenk koumanse a apre eleksyon an. Legliz ki genyen pi piti pase 50 manm ki toujou patisipe dwe eli de lidè : Yon prezidan ak yon visprezidan, yo menm k'ap gen kòm wòl planifye aktivite, fè pwomosyon avèk 12 anfaz sa yo(youn pou chak mwa) se avèk sa yo ke yo konte pou reyalize objektif ministè legliz lokal la:

Chak mwa	Lapriyè Avèk Jèn
Janvye	Ministè Volontè Yo
Fevriye	Offre d'albâtre
Mas	Edikasyon Misyonè
Avril	Ofrann Rezirèksyon
Me	Swen Misyonè
Jen	Transmisyon Misyon Mondyal Yo
Jiyè	Ministè Entènasyonal Yo/ Enstiti Biblik Yo
Dawou	LIENS
Septanm	Offre d'albâtre
Oktòb	Priyorite Nimewo En - Misyon Yo
Nonvanm	Ofrann Remèsiman
Desanm	Ofrann Konpasyon

Èske mwen ta kapab reyalize ministè sa?

1. Mwen priye ak jene pou nesesite lavi etènèl moun yo. Wi ☐ Non ☐

2. Mwen deside pran fòmasyon sou ministè Mission Nazaréenne Internationale yo (MNI). Wi ☐ Non ☐

3. Mwen ta renmen aprann osijè de travay legliz Nazareyen nan mond lan epi pataje li ansanm avèk moun ki nan legliz lokal mwen yo. Wi ☐ Non ☐

4. Mwen toujou priye pou misyonè ak pastè yo ki (nan tout mond lan) ap preche Pawòl Bondye a. Wi ☐ Non ☐

5. Mwen prè pou m bay sa m genyen, epi ankouraje legliz lokal mwen pou yo fè sa, pou lòt yo kapab ale preche levanjil la jous nan dènye bout latè. Wi ☐ Non ☐

6. Mwen santi mwen kontan pou m anseye lòt yo sou zafè misyonè k'ap pase nan lemond. Wi ☐ Non ☐

7. Mwen prè pou m ankouraje moun ki nan legliz mwen yo pou nou kapab fè pati aktif nan patisipe, pran fòmasyon, voye epi sipòte misyonè nasyonal yo. Wi ☐ Non ☐

8. Mwen toujou fè tout efò mwen kapab pou m anseye lòt yo sa legliz nazareyen ap fè atravè lemond. Wi ☐ Non ☐

9. Mwen santi mwen kontan anpil lè y'ap preche oswa anseye osijè de misyon. Wi ☐ Non ☐

10. Mwen panse ke misyon yo se kè legliz la. Wi ☐ Non ☐

Si omwens 7 nan repons ou yo se te Wi, ou kapab sèvi legliz ou a nan Mission Nazaréenne Internationale.

Materyèl ki kapab sèvi pou bay fòmasyon nan ministè sa se:
- Gid etid misyonè pou jèn avèk timoun yo
  - *Chòk kiltirèl*
  - *Benjamen avèk apèl misyonè li*
  - *Remi, misyonè vwayajè 1 ak 2*
  - *Gid entènasyonal pou edikasyon misyonè*
- Videyo avèk anfaz chak mwa yo
- Sentete jodi a
- Liv lekti misyonè (2 pou granmoun ak jèn epi 2 pou timoun chak ane)
- *Lekòl lidèchip-Kou Debaz, Kou Misyon Transkiltirèl yo*

Mission Globale MAR

1. Kisa Mission Globale MAR (MGMAR)?

Mission Globale MAR (Région de Mésoamérique) se yon ministè ki genyen objektif pou RANKONTRE, ANTRENE AK VOYE misyonè avèk lidè peyi nou yo, fonksyone kòm may chèn ant legliz local la avèk system global la. Chèche epi bay legliz la eksperyans misyonè entegral ki pa twò long avèk moun ki dekouvri apèl misyonè yo, oryante yo, anseye yo epi ba yo opòtinite pou patisipe nan lòt pwojè misyonè yo apre sa pou yo ale.

2. Itilize Bib la pou konplete fraz yo:

a. Daprè Matye 28:18-20; Travay 1:8 ak Jan 17:18-20, pou kimoun kòmandman al akonpli Gran Komisyon an ye? __

_____

1. Pastè yo avèk misyonè yo.
2. Chak disip
3. Sa yo ki deja resevwa preparasyon ki adekwat

b. Lè Bondye rele nou pou fè yon bagay, ki repons nou ta dwe bay lè n'ap swiv egzanp Noye avèk Abraram (Jenèz 6:9-22; Jenèz 12:1-9; Ebre 11:7-8)?

_____

_____

c. Bondye toujou beni nou pou nou kapab sèvi yon _____ pou lòt yo (Jenèz 12:1-3).

d. Daprè Travay 1:8, kisa ki kondisyon nesesè a pou nou ka vin temwen Kris la? _____
_____

e. Koumandman Jezi a se sèvi li temwen nan: J_____,
J_____, S_____ ak jous
nan dènye _____.

3. Ki objektif ministè sa nan legliz lokal mwen?

MGMAR egziste kòm yon repons Gran Komisyon ke nou jwenn nan Matye 28:19-20 pou nou "ale epi fè temwen nan tout nasyon yo…". Legliz nazareyen rekonèt fason pou akonpli misyon sa a se voye misyonè nan tout kilti sou latè. Avèk sipò MNI, MGMAR ki egziste pou pataje vizyon misyon avèk chak manm legliz nazareyen, epi pa mwayen legliz lokal, patisipe nan depanse nan misyon yo : nan lapriyè, bay avèk ale.

4. Kijan ministè sa kapab ede mwen nan devlopman lavi kretyèn mwen?

a. MGMAR ede li mete aksan sou nesesite lòt yo. Kòm kretyen nou pa t fèt pou nou wè pwòp tèt pa nou. Bondye gen yon pi gwo plan. Filipyen 2:4 di konsa : "Piga pèsonn chèche enterè pa li ase, se pou l chèche sa ki bon pou lòt yo tou". Li 2 Korentyen 8:1-15. Mete aksan espesyalman nan vèsè de a. Menm si kèk fwa nou panse nou pa gen anpil resous epi n'ap viv nan povrete ak mizè, Bondye ap rele nou pou nou swiv legliz Masedwàn epi bay lajwa ak abondans pou lòt yo!

b. MGMAR kapab motive li antre nan misyon yo. Anpil nan nou konnen ke misyon yo avèk ministè a enpòtan nan mond lan. Nou bezwen yon mwayen ki pou ede nou soti nan tanp nou yo epi rive avèk levanjil la nan vwazinay nou yo, peyi avèk mond ki nan nesesite a. Anplis de priye ak bay ofrann, akonpli Gran Komisyon vle di yon patisipasyon dirèk: ale avèk men ak pye pwòp. Misyon yo se pa pou misyonè yo sèlman, se pou tout legliz la.

c. MGMAR bay yon konbinasyon antrennman ak anvwa pou yon ministè transkiltirèl. Sa pa fè lontan depi denominasyon nou an pa t genyen yon sistèm devlope kote ke yon moun ki gen apèl pou vin misyonè te kapab transfòme an yon misyonè pou lòt peyi yo. Pou kounye a se pa konsa sa ye. Si oumenm —oswa kèk moun ou konnen—gen yon apèl misyonè oswa dezi pou bay patisipasyon li transkiltirèlman nan ministè a, MGMAR founi yon fason pou bay repons pou apèl sa.

5. Kijan Ministè sa kapab devlope nan legliz lokal mwen an?

a. Sipòte epi antre nan MNE nan legliz ou a avèk ministè MG distri a. MGMAR pa kapab akonpli okenn nan pwojè ak objektif li yo si moun legliz nou yo pa antre ak tout fòs yo nan ministè MNE epi apiye MG distri a.

b. Patisipe nan pi fò misyon oswa lòt vwayaj misyonè an gwoup. Kijan nou aprann jwe foutbòl oswa pentire ? Li nan yon liv sou sa ? Gade lòt yo k'ap fè bagay yo? NON! Li ak obsève kapab ede nou, men fason pou nou aprann jwe foutbòl oswa pentire se pratike yo chak fwa. Nan menm fason sa, pale ak li sou dosye misyon kapab ede nou, men tou li nesesè pou nou eksperimante misyon an pèsonèlman pou kapte yon vizyon ki pi laj sou zafè misyon yo.

c. MGMAR pwodwi materyèl ak enfòmasyon sou ministè transkiltirèl. MGMAR gen resous pou l devlope timoun, jèn avèk granmoun nan misyon yo. Zouti yo gen ladan yo fen semèn kapasitasyon (Kan Oryantasyon Misyonè oswa KOM), liv pou etid, kaye pou misyon ak opòtinite pou patisipe nan misyon transkiltirèl ki pou yon ti bout tan (Pi gwo misyon, Pwojè Pòl, Jenèz, ak lòt ankò). Si ou enterese pou w konnen zouti sa yo, souple pale sa avèk nou nan biwo rejyonal la: misionglobal@mesoamericaregion.org

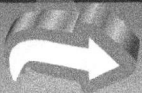

Èske mwen ta kapab reyalize ministè sa?

1. Mwen gen yon gwo anvi pou m ede moun ki nan nesesite nan mond lan. Wi ☐ Non ☐

2. Mwen santi yon apèl pou mwen fè sèvis transkiltirèl. Wi ☐ Non ☐

3. Mwen ta prèt pou m patisipe nan vwayaj misyonè ki pa twò long. Wi ☐ Non ☐

4. Mwen prèt pou m etidye pou kantite tan ki nesesè pou m akonpli vokasyon misyonè m nan pi byen. Wi ☐ Non ☐

5. Mwen te vwayaje oswa mwen te viv nan lòt peyi oswa kilti diferan de pa m nan epi mwen prèt pou adapte mwen ak lòt kilti. Wi ☐ Non ☐

6. Mwen konvenki ke Bondye rele tout kretyen pou vin akonpli Gran Komisyon an. Wi ☐ Non ☐

7. Mwen anvi anseye timoun avèk jèn nan lòt kilti ak misyon. Wi ☐ Non ☐

8. Mwen prè pou m pataje nan legliz la sa ki gen pou wè avèk misyon, epi konsa ranmase lajan pou ministè misyonè. Wi ☐ Non ☐

9. Mwen ta ale nan lòt peyi pou m reponn apèl Bondye, mwen gen konsyans ke mwen dwe kite tout bèl bagay mwen yo, fanmi ak patri mwen. Wi ☐ Non ☐

10. Mwen konsidere ke kilti peyi m nan pa pi bon pase lòt kilti. Wi ☐ Non ☐

Si pou pi piti 7 nan repons li yo se te Wi, ou ta kapab patisipe nan ministè Mission Globale. Kontakte kòdinatè distri a pou plis enfòmasyon sou kijan ou kapab koumanse.

Materyèl ki kapab itilize pou bay klas nan ministè sa:
- *Bondye envite w nan evènman li a: misyon pou yon nouvo milenè.* Corrales, A. Et Ronda, E. Editoryal Vida. Miami, FL.
- *Espesyalite nan misyon yo: Lekòl Lidèchip.* Rejyon Mezoamerika 2013.
- *Misyon nan twazyèm milenè a.* Dr. Charles Gailey. Editoryal KPN, Kansas City, MO. 2001
- *Manyèl misyon pou timoun yo: "Evènman misyonè".* Ed. asoc. CN-MAC, Gwatemala 2005
- ***Manyèl oswa CD sou plis misyon***

Ministè Pastoral

I. Kisa Ministè Pastoral la ye?

Ministè Pastoral la se yon vokasyon (oswa apèl) epi nan menm tan se yon kapasite espesyal Bondye bay kèk manm nan kò Kris la, mete anba dominasyon li byennèt ak devlopman espirityèl yon gwoup kretyen pandan yon tan.

Etid ki fèt sou tèm sa demontre ke youn nan chak 8 kretyen angaje yo avèk Bondye, genyen don pastoral. Sa vle di nan yon kongregasyon ke genyen 50 moun, apeprè 6 ta kapab devlope ministè sa. Se poutèt sa legliz ki ansante yo epi grandi yo genyen plizyè kalite ministè pastoral espesyal pou diferan gwoup moun (pastoral timoun yo, jèn yo oswa fanmi yo, pastè adorasyon, pastè pou edikasyon, ak plizyè lòt ankò).

Se Bondye menm ki rele moun sa yo nan ministè a, pandan li ranpli yo avèk don espirityèl yo dwe kiltive pou devlopman yon bon ministè pastoral. Ant kapasite espesyal Lespri a n'ap jwenn don ansèyman an, pwen santral Nouvo Testaman sou zafè ministè pastoral la se: "...prepare sen yo pou travay ministè a" (Efezyen 4:12).

2. Itilize Bib la pou konplete fraz sa yo:

a. Dapre Matye 9:36, kijan Jezi te dekrive foul moun yo ki te lage san pastè ki te pou gide yo? _____

_____

b. Li parabòl "bon gadò a" nan Jan 10. Ki karakteristik ki mansyone la pou yon bon gadò? _____

_____

_____

c. Li Travay 14 :23 ak 1 Timote 4 :1-16 epi reponn : Kilès ki modèl biblik pou sa ki gen pou wè ak kalite e responsablite bon gadò yo? _____

_____

_____

d. Kijan pastè yo kapab pran swen kongregasyon Bondye a, dapre 1 Pyè 5 :2-3? _____

_____

3. Ki objektif ministè sa nan legliz lokal mwen an?

Objektif ministè pastoral nan legliz la gen plizyè dimansyon, pami yo genyen:

a. Pran swen kwayan yo, nouri yo avèk Pawòl Bondye a, veye sou sante entegral yo a kwasans yo sou sa ki gen pou wè avèk matirite espirityèl (Kolosyen 1:28, 1 Timote 3:5). Laswenyay sa dwe motive avèk lanmou pwofon pou moun yo, menm jan Jezikris te renmen legliz li a (Efezyen 5:22-33).

b. Mennen legliz anba pouvwa Sentespri a. Se pandan, wòl pastè a se pa fè tout travay yo, se pito, plis ekilibre fòs ak feblès moun yo anba responsablite li pou sèvi Bondye epi voye mete lòt yo nan diferan kalite ministè (1 Korentyen 12:28).

4. Kijan ministè sa kapab ede mwen grandi nan lavi kretyèn mwen?

a. Nan pran responsablite pou pwogrè espirityèl lòt moun yo nou idantifye nou avèk ministè Jezi a epi li fè nou vin moun ki la pou kontinye avèk zèv li yo. Li te envestí lavi li pou l te prepare disip li yo epi kounye a li mande nou pou nou kontinye travay la (Matye 28:18-20). Lè nou responsab pou kwasans lòt yo nou angaje nou pi plis nan pwòp pwogrè ak matirite espirityèl nou. Sa moutre ke nou bezwen aprann pi plis chak jou anplis pou nou toujou genyen ansèyman pou nou bay. Nou bezwen antre pi fon nan relasyon nou avèk Bondye paske nou se egzanp sentete pou lòt yo. Nou bezwen amelyore karatè nou, epi n'ap fè sa anmezi n'ap familyarize nou avèk disip nou yo. N'ap grandi nan disiplin lapriyè lè n'ap priye mande Bondye pou disip nou yo, ak lòt bagay ankò.

b. Nan bay felisite ak reyalizasyon lavi annabondans. W'ap depanse lavi ak talan ou yo nan yon travay ki—kòm okenn lòt—kontribye nan transfòmasyon lavi lòt moun toutan gen tan. Lè nou ede konstwi vi ak fanmi yo nan imaj Bondye, lè sa nou kontribye nan felisite moun yo nan lavi sa ak pou toutan.

5. Kijan ministè sa devlope nan legliz lokal la?

Minis pastoral la ap bezwen anpil preparasyon ak aprantisay pa mwayen klas, epi aprann de lòt kamarad nan ministè a. Li enpòtan pou n pwofite opòtinite legliz nazareyen ofri yo, tankou: pwogram aprantisay nan legliz lokal la, seminè yo, liv ak lòt materyèl ankò, yon fason pou yo prepare pi byen toujou pou devlope ministè sa. Ministè pastoral nan legliz la dwe prepare epi mete manm legliz yo nan ministè a. Nan kèk branch nan ministè a kote manm legliz yo kapab travay tankou:

a. Anseye nouvo disip pou fè yo vin genyen matirite nan Kris la.

b. Dirije yon ti gwoup etid biblik (selil k'ap ede moun yo grandi) nan sèvi kominote yo epi fè lòt moun vin jwenn Kris.

c. Patisipasyon yon gwoup espesyal nan yon ministè pastoral nan legliz la, tankou timoun yo, adolesan yo, jèn yo, vèv yo, moun ki marye yo, granmoun ki gen anpil laj yo, avèk anpil lòt ankò.

d. Ede pastè prensipal la menm jan ak pastè asistan an.

e. Enplante yon misyon tou nèf ansanm avèk plantè legliz yo nan legliz lokal oswa distri a.

f. Anseye yon klas lekòl dominikal ak pastore elèv ou yo.

Èske mwen ta kapab reyalize ministè sa?

1. Mwen renmen ede lòt kretyen grandi nan lavi espirityèl yo. Wi ☐ Non ☐

2. Mwen santi mwen kontan pou m ede moun simonte pwoblèm yo rankontre nan lavi kretyèn yo. Wi ☐ Non ☐

3. Mwen santi m tris anpil lè yo kite kretyen yo san asistans espirityèl. Wi ☐ Non ☐

4. Mwen enterese anpil pou m ede moun dekouvri don yo genyen. Wi ☐ Non ☐

5. Mwen renmen mete tan disponib pou m konnen lòt kretyen epi devlope yon relasyon zanmitay avèk yo. Wi ☐ Non ☐

1. Moun yo remèsye mwen byen souvan pou bèl pawòl ankourajman yo jwenn nan men mwen. Wi ☐ Non ☐

2. Lè mwen preche oswa anseye moun yo fè kòmantè di ke mwen ede yo nan lavi yo kòm kretyen. Wi ☐ Non ☐

3. Moun yo toujou chèche mwen lè yo gen nesesite diferan paske yo konnen mwen preokipe pou byennèt yo. Wi ☐ Non ☐

4. Lè m travay avèk yon gwoup kretyen, byen souvan se mwen menm ki òganize ak dirije lòt manm yo. Wi ☐ Non ☐

5. Moun yo ap swiv mwen tankou yon lidè espirityèl. Wi ☐ Non ☐

Si pou pi piti 7 nan repons ou yo se Wi, ou kapab travay nan legliz la nan Ministè Pastoral.

Materyèl ki kapab sèvi pou anseye nan ministè sa:

- *Apresye Moun Yo: Lidèchip Efikas Pa Mwayen Relasyon Efikas*. John Maxwell. Editoryal Vida, Deerfield, Florida.
- *Kijan Pou N Pastore Epi Jwenn Moun Pastore Nou*. Jorge Atiencia. Editoryal ABUA, Buenos Aires, Certeza.
- *Ansèyman Disip. Transferans Lavi*. Lloyd ak Wilma Mendoza de Mann.Ed. Clie, Barcelona.
- *Lidè Konfòm Avèk Kè Bondye*. Raul Caballero yoccou. Ed.Unilit, Miami.
- *Pastè A Kòm Gid Espirityèl*. Howard Rice. Ed.Portavoz, Grand Rapids.
- *Koumansman Relasyon Entèpèsonèl Yo*. Stan Toler, Ed. KPN, E.U.
- *Ann fè disip. Manyèl Ansèyman Disip*. Rodrigo Zapata. Ed. Unilit, Miami.
- *Dinamik pou prepare disip*. Gary W.Kuhne. Ed. Caribe, Nashville.
- *Legliz la pou tan n'ap viv la*. Dale Galloway. Ed. KPN, E.U.
- *Lidèchip espirityèl*. Oswald Sanders. Ed. Portavoz, Barcelona.
- *Lekòl lidèchip-Lidèchip Ministeryèl*.

Travay avèk Temwayaj

I. Kisa Ministè Travay ak Temwayaj la ye?

Ministè Travay ak Temwayaj la kolabore nan konstriksyon fasilite fizik kle yo pou reyalize ministè legliz la. Nan anpil okazyon, epi daprè nesesite travay nan yon peyi, yo fòme ekip lokal oswa sèvitè ki soti nan lòt peyi yo pou reyalize pwojè diferan sa yo, menm si anpil nan yo gen pou wè avèk konstriksyon tanp legliz lokal yo.

2. Konplete fraz sa a yo, pandan w'ap itilize Bib la:

Menm si Legliz nan Nouvo Testaman yo pat gen pwòp tanp pa yo, depi nan Ansyen Testaman plas kote pou yo te reyini an te toujou enpòtan.

a. Nan I Kwonik 22:11, ki lòd David te bay Salomon pitit li? _____
_____
_____
_____

b. Ki kote Lik 2:27 mansyone paran Jezi yo te Mennen li apre sa Simeyon te beni li? _____

_____

c. Anplis de anplennè, ki kote Jezi te devlope ministè li ankò daprè sa Matye 4:23 mansyone? _____

_____

d. Depi konvèsyon Pòl nan Travay 9 :20, ki kote Pòl te rive pou li pataje levanjil la ? _____

_____

3. Ki objektif ministè sa nan legliz lokal mwen an?

Objektif Ministè Travay avèk Temwayaj nan legliz lokal la gen pou wè avèk yon melanj avèk ministè ekoNonma, yo menm ki travay dirèkteman nan kesyon jesyon ak konstriksyon edifis adekwat pou legliz la. Estrikti yo konstwi yo sèvi pou pi fasil pou sèvi tanp, sal klas, pou reyinyon avèk kay pastoral yo.

Lè yon legliz lokal, pa mwayen sistèm nou an, resevwa volontèman èd ki soti nan men gwou moun k'ap viv nan peyi etranje yo se pou fè avanse pwojè kongregasyon sa a, se pa pou reyalize li konplètman. Sèvitè yo ki vini sèlman pou yon semèn bay tan yo, pasaj yo, travay yo epi bay resous yo pou travay konstriksyon an.

Li trè komen pou yon gwoup, anplis de konstwi, reyalize lòt ministè tankou yon lekòl biblik vakans pou timoun yo, pwojte fim Jezi, kontribye avèk kèk pwojè konpasyon oswa lòt bagay. Se kontribye nan Gwo Komisyon an pa mwayen sa a.

Objektif final efò ministeryèl sa a se fè pwoblèm legliz lokal la vin pi lejè, men sa ki pi enpòtan se ankouraje sèvitè avèk sèvant yo ofri talan yo, dispozisyon avèk resous yo pou konstriksyon an nan de direksyon: (I) Pou mete fen nan pwojè ki te koumanse a, epi (2) pou òganize li, pètèt nan tèt ansanm avèk plizyè kongregasyon, pou ede mete men nan konstriksyon lòt legliz ki nan plis nesesite.

4. Kòman ministè sa kapab ede m devlope nan lavi kretyen mwen?

Patisipasyon li nan Ministè Travay avèk Temwayaj kapab ede ou nan devlopman lavi kretyen ou avèk Kris, pandan l'ap santi li itil nan mete talan ak dispozisyon li annevidans pou ede legliz la. Se yon fason pou reflete angajman avèk lanmou li pou frè nan Kris li yo avèk sa yo ki poko konnen li.

Se yon fason pou bay lòt yo tou avèk sakrifis epi kè kontan ; sa edifye li espirityèlman. Anplis sa ba li anpil satisfaksyon nan fè pati pa l la lè li wè edifis yo espesifye nan zòn ki adekwa pou reyalize ministè a avèk moun ki nan nesesite yo.

5. Kijan ministè sa kapab devlope nan legliz lokal la?

Ministè Travay ak Temwayaj la ta kapab reyalize nan legliz la pa mwayen komite ekoNonma oswa atravè yon komite konstriksyon lokal. Sa ki enpòtan se ankouraje manm legliz yo pou yo koumanse bay resous ekoNonmik yo epi fè yo patisipe nan konstriksyon an nan fason yo kapab.

Anplis de sa, nou ta kapab mande lidè k'ap travay dirèkteman nan ministè sa nan peyi nou an, atelye edikatif yo oswa demoutre kijan gwoup Travay ak Temwayaj yo fonksyone. Apre sa nou kapab mande yon ekip men legliz lokal la déjà koumanse travay nan pwojè a. Se yon gwo angajman epi enperatif pou pi fò moun legliz la antre nan travay sa.

Èske m'ta kapab reyalize ministè sa?

1. Èske mwen gen kèk talan nan zafè kontriksyon?
    Wi ☐ Non ☐

2. Èske mwen prè pou m mete tan disponib pou m pentire ak netwaye tanp lan? Wi ☐ Non ☐

3. Èske mwen wè nesesite pou legliz la konte sou enstalasyon ki adekwat pou reyalizasyon ministè li? Wi ☐ Non ☐

4. Èske bèl ak bon prezans fasilite fizik legliz mwen an enterese mwen? Wi ☐ Non ☐

5. Èske mwen kapab bay èd mwen nan kanpay pou ranmase lajan pou konstriksyon nan legliz la? Wi ☐ Non ☐

6. Èske mwen genyen talan pou m administre resous, chèche bon pri epi ankouraje travayè volontè yo? Wi ☐ Non ☐

7. Èske sa fasil pou mwen jwenn moun ki pou bay tan yo epi travay nan lèv legliz la? Wi ☐ Non ☐

8. Mwen te gen eksperyans nan konstriksyon, èske se yon bagay mwen renmen? Wi ☐ Non ☐

9. Èske mwen konnen oswa ta enterese aprann pwosesis debaz pou lalwa ke y'ap bezwen reyalize pou yon konstriksyon?
    Wi ☐ Non ☐

10. Eske mwen santi mwen byen fizikman tout bon pou m travay nan nenpòt branch nan konstriksyon? Wi ☐ Non ☐

Si omwens 7 nan repons ou yo se te wi, ou kapab sèvi nan legliz ou, nan Ministè Travay ak Temwayaj.

Materyèl ki kapab itilize pou bay fòmasyon nan ministè sa:

- *Apèl pou vin sèvitè Bondye*. Warren W. Wiersbe.Edit.
- *Lanmou avèk chemiz touse*. Richard Exley.Edit.Vida, USA.
- *Defi pou sèvi*. Charles R. Swindoll.Edit. Betania, USA.
- *Lekòl lidèchip-Kou debaz yo*

    http://workandwitness.nazarene.org/

Non Legliz Lokal la

Sa Sètifye Ke:

Non

*Patisipe nan epi ranpli kou
Leson Debaz nan Ministè a avèk
satisfaksyon*

ÉGLISE ᴅᴜ
NAZARÉEN

Pastè Legliz Lokal

Antrenè

Lye ak Dat

www.ingramcontent.com/pod-product-compliance
Lightning Source LLC
Chambersburg PA
CBHW060724030426
42337CB00017B/3000